BEI GRIN MACHT SICH IHR WISSEN BEZAHLT

AF167211

- Wir veröffentlichen Ihre Hausarbeit,
  Bachelor- und Masterarbeit

- Ihr eigenes eBook und Buch -
  weltweit in allen wichtigen Shops

- Verdienen Sie an jedem Verkauf

Jetzt bei www.GRIN.com hochladen und kostenlos publizieren

Trainingsplan zur Blutdrucksenkung, Gewichtsreduktion und Kraftsteigerung. Meso- und Makrozyklus

Christoph Bär

Bibliografische Information der Deutschen Nationalbibliothek:

Die Deutsche Nationalbibliothek verzeichnet diese Publikation in der Deutschen Nationalbibliografie; detaillierte bibliografische Daten sind im Internet über http://dnb.d-nb.de abrufbar.

ISBN: 9783346633422
Dieses Buch ist auch als E-Book erhältlich.

© GRIN Publishing GmbH
Nymphenburger Straße 86
80636 München

Druck und Bindung: Books on Demand GmbH, Norderstedt Germany
Gedruckt auf säurefreiem Papier aus verantwortungsvollen Quellen

Das vorliegende Werk wurde sorgfältig erarbeitet. Dennoch übernehmen Autoren und Verlag für die Richtigkeit von Angaben, Hinweisen, Links und Ratschlägen sowie eventuelle Druckfehler keine Haftung.

Das Buch bei GRIN: https://www.grin.com/document/1190898

Einsendeaufgabe

Fachmodul:	Trainingslehre 1
Studiengang:	Bachelor of Arts Sportökonomie
Datum **Präsenzphase:**	28.06-01.07.2021

Name, Vorname:	Bär, Christoph
Studienort:	**München**
Semester:	**Wintersemester 2020**

Inhaltsverzeichnis

1 Diagnose

1.1 Allgemeine biometrische Daten

Tab. 1: Allgemeine Daten des Trainierenden

Name	Alter	Geschlecht	Körpergröße	Körpergewicht
Herr W.	37	Männlich	1.90 Meter	95 *Kg Muskelmasse 45 Kg Körperfettanteil 20 Kg
Trainingsmotive				
1. Steigerung der Fitness 2. Steigerung des Kraftlevel 3.Verbesserung des subjektiven Wohlbefindens				
berufliche Tätigkeit				
1. Deutschlehrer (30 Wochenstunden) 2. Basketballtrainer auf Honorarbasis (10 Wochenstunden)				
momentane sportliche Aktivitäten				
1. Basketball in einer Breitensportmannschaft (2 Trainingseinheiten je 90 Minuten + Spielbetrieb am Wochenende) 2. einmal wöchentliche Radtour mit der Familie (Streckenvolumen ca. 15 bis 20 Kilometer)				
frühere sportliche Aktivitäten				
1. Fußball vom 6-9 Lebensjahr 2. Handball vom 10-11 Lebensjahr 3. seit dem 12 Lebensjahr Basketball				
Zeitbudget (pro Woche)				
Herr W. kann zusätzlich zu seiner wöchentlichen Auslastung an zwei Tagen pro Woche je 90 Minuten trainieren.				

*Kg = Kilogramm

Tab. 2: biometrische Parameter des Trainierenden

Blutdruckmessung	136/87 mmHg	Bewertung	hochnormaler Blutdruck nach der Blutdruckklassifikation der *AHA
Medikamenteneinnahme	keine verschreibungspflichtigen Medikamente, Paracetamol (bei Kopfschmerzen)		
Vorerkrankungen/ärztliche Befunde	keine Vorerkrankungen, rechter Index Bruch im Mittelhandbereich (im Kindesalter)		
Bewertung des Trainierenden	Der Trainierende gab keine subjektiven Beschwerden oder Vorerkrankungen an. Die bei der Trainingsplanung beachtet werden müssen.		

Tab. 3: Blutdruckklassifikation der American Heart Association (modifiziert nach Mancia et al., 2013, S.1286)

Bewertungsstufen	Systolischer Blutdruck	Diastolischer Blutdruck
Normalblutdruck (Normotonie)		
optimal	Unter 120 mmHg	Unter 80 mmHg
normal	Unter 130 mmHg	Unter 85 mmHg
hochnormal	130 – 139 mmHg	85 – 89 mmHg
Bluthochdruck (arterielle Hypertonie)		
Stufe 1	140 – 159 mmHg	90 – 99 mmHg
Stufe 2	160 -179 mmHg	100 – 109 mmHg
Stufe 3	> 180 mmHg	> 110 mmHg

*AHA = American Heart Association

1.2 Krafttestung

Die Individuellen-Leistungsbild-Methode (ILB-Methode) dient als Grundpfeiler der Krafttestung. Der Trainierende ist zum derzeitigen Standpunkt der Stufe „Beginner" einzuordnen. Als Methode der Krafttestung wurde für den Trainierenden die Mehrwiederholungskrafttestung mit einer Wiederholungsanzahl von 20*WdH. pro Testsatz festgelegt.

Tab. 4: Mehrwiederholungskrafttestung nach der ILB-Methode

Testübung	*WdH.	Testsatz 1	Testsatz 2	Testsatz 3
Beinpresse	20	65 Kg	70Kg	
Brustpresse	20	35 Kg	40 Kg	45 Kg
Latzugmaschine	20	40 Kg	45 Kg	
Rudern an der Maschine	20	45 Kg	50 Kg	45 Kg
Rumpfflexionsmaschine	20	35 Kg	40 Kg	35 Kg
Bauchpresse	20	25 Kg	30 Kg	35 Kg
Armstrecker an der Maschine	20	10 Kg	15 Kg	
Armbeuger an der Maschine	20	10 Kg	15 Kg	

*WdH. = Wiederholungen

1.2.1 Begründung des Testverfahren

Anhand des Testverfahrens wurde der Trainierende als Einsteiger im Bereich des Fitnesssports der Stufe „Beginner" eingeordnet. „Die ILB-Methode ist anfänglich aus trainingspraktischen Erfahrungen konzipiert und unter Berücksichtigung der Entwicklung der Krafttrainingsforschung kontinuierlich modifiziert worden. Ihre Konzeption erfolgte speziell für den Fitness- und Gesundheitssport". (Strack & Eifler, 2005, S. 153). Daher wird ein Krafttraining nach der ILB-Methode gewählt.

„Der Kerngedanke des ILB-Tests besteht darin, das maximale Gewicht für diejenige Wiederholungszahl auszutesten, mit der im folgenden Zyklus trainiert werden soll". (Strack & Eifler, 2005, S. 154). Der Mehrwiederholungskrafttest dient hierbei als Fundament zur Ermittlung des maximalen Arbeitsgewichtes, mit einer Wiederholungsanzahl von 20 pro Testsatz. Dem Trainierenden wird schlussfolgernd ein Krafttraining nach der ILB-Methode mit 15-30 Wiederholungen pro Übungssatz empfohlen.

1.2.2 Beschreibung des Testablaufes nach der ILB-Methode

Der Testablauf beschreibt die strukturierte Herangehensweise und Durchführung der ILB-Methode, diese ist in eine Aufwärmphase sowie in eine Krafttestung untergliedert und ist im nachfolgenden dargestellt.

1. Aufwärmphase (Warm-up)

Die Aufwärmphase wird in 3 Unterpunkte gegliedert und im nachfolgenden Tabellarisch dargestellt. Diese dienen zur optimalen Vorbereitung für den Hauptteil des Krafttrainings und beinhalten alle wichtigen körperlichen sowie physische Faktoren. Anhand dieser Faktoren, sollte darauf geachtet werden eine vorzeitige Funktionsermüdung zu vermeiden.

Tab. 5: Zielsetzung der Aufwärmphase nach der ILB-Methode

Aufwärmphase	Zielsetzung
Psychische und mentale Einstellung	Das Hauptziel in dem Unterpunkt des Aufwärmprogrammes, ist Förderung der Konzentration und Motivation mit positiver Einstellung auf den Hauptteil des Krafttrainings. Da mit einer fokussierten Mentale Einstellung auch der Trainingserfolg steigt.
Allgemeines Aufwärmen (Aktivierung des Herz-Kreislauf-Systems)	Das Ziel des Allgemeinen Aufwärmens, ist die Aktivierung des Herz-Kreislauf-Systems. Dies erfolgt durch den dynamischen Einsatz der großen Muskelgruppen, mit einer Herzfrequenz von 160 Schlägen pro Minute abzüglich des Lebensalters. Als Übungen eignen sich dafür Radfahren, Joggen oder Walking. Die ausgewählte Übung sollte in einem Zeitraum von 5-15 Minuten durchgeführt werden.
Spezielles Aufwärmen	Das Ziel des speziellen Aufwärmens ist die Aktivierung der lokalen Muskelgruppen und Gelenkstrukturen. Hierbei eignen sich ein bis zwei Vorbereitungs-sätze, mit einer geringen Auslastung des Arbeitsgewichtes (maximal 50%) und einer Wiederholungsrate von 10-12. Bei koordinativ/komplexeren Übungen werden in der Regel mindestens ein bis zwei Aufwärmsätze mehr als Vorbereitung nötig sein.

2. Krafttestung

Als Krafttestverfahren führt der Trainierende einen Mehrwiederholungskrafttest nach der ILB-Methode durch. Dieser dient zur Ermittlung des maximalen Arbeitsgewichtes bei einer Wiederholungsrate von 20 und wird vor jedem Mesozyklus neu durchgeführt. Die 20 Wiederholungen müssen von dem Trainierenden in korrekter Bewegungsausführung konzentrisch sowie exzentrisch und ohne Ausweichbewegungen durchgeführt werden. Dem Trainierenden stehen drei Testsätze pro Übung zur Verfügung, diese sind zur Ermittlung des optimalen Arbeitsgewichtes essenziell. Das Arbeitsgewicht des Trainierenden wird je nach subjektiven Belastungsempfinden erst kontinuierlich erhöht, wenn dieser einen Testsatz mit 20 Wiederholungen korrekt absolviert. Im ersten der vier Mesozyklen wird das Kraftausdauertraining fokussiert.

1.2.3   Schlussfolgerung des Testverfahrens

Die ermittelten Ergebnisse, die bei der Durchführung des Mehrwiederholungskrafttest nach der ILB-Methode festgestellt wurden, bilden das Fundament der Trainingsplanung. Ein effektiv abgestimmter Trainingsplan basiert immer auf den sieben Prinzipien der Trainingslehre. Das Prinzip der progressiven Belastung und das Prinzip der Individualität und Altersgemäßheit berücksichtigt in der Trainingsplanung eine kontinuierliche Steigerung der Trainingsintensität und einer Berücksichtigung des Trainingsalters vor dem kalendarischen Alter. „Trainingsbelastungen sind die Gesamtheit der erfassbaren Einflüsse im Trainingssystem, die auf den Sportler einwirken. Trainingsbeanspruchungen sind die individuellen Auswirkungen der Trainingsbelastungen auf den Sportler in Abhängigkeit von seinen Eigenschaften, Fähigkeiten und Fertigkeiten." (Olivier et al., 2008, S.24). Durch den Mehrwiederholungskrafttest vor jedem Mesozyklus wird die Einstufung der Trainingsintensität neu ermittelt. Die Prozentuale und kontinuierliche Erhöhung des maximalen Arbeitsgewichtes mit angepasster Wiederholungsanzahl pro Testsatz, steht im Verhältnis, zu den vorhergehenden Ergebnissen der Krafttestung im Mesozyklus. Diese bilden einen essenziellen Referenzwert. „Ausgehend von diesem Referenzwert werden die Trainingsintensitäten berechnet. Mögliche Überlastungserscheinungen und Verletzungen, vor allem bei Krafttrainingsbeginnern, sollen somit vermieden werden." (Eifler, 2013, S.73-74). Das Prinzip der Dauerhaftigkeit und Kontinuität, das Prinzip des trainingswirksamen Reizes und das Prinzip der variierenden Belastung bilden weitere Eckpfeiler eines effektiv abgestimmten Trainingsplans. Diese Prinzipien sind zielführend in der Anpassung des kontinuierlichen Trainingsreizes, durch eine Regelmäßigkeit der absolvierenden Trainingseinheiten pro Woche, sowie der Motivation zur Förderung der zu erreichenden Ziele des Trainierenden. Pro acht Wöchigen Mesozyklus werden Trainingsmethodik, Wiederholungsanzahl je Testsatz verändert. Der Mehrwiederholungskrafttest nach der ILB-Methode dient hierbei als Kontrolle und zugleich als Optimierung des zu schaffenden Trainingsreizes. Dieser wird vor jedem Mesozyklus neu durchgeführt und anschließend über einen Soll-Ist-Wertvergleich der letzten Krafttestungen überprüft und angepasst. Die Krafttestungen sollten daher unter gleichbleibenden Bedingungen und ohne Abweichungen in der Ausführung durchgeführt werden. Durch die dokumentierten Werte der Krafttestungen ist eine Verbesserung der sportlichen Entwicklung des Trainierenden nachvollziehbar dargestellt.

Anhand der Ermittelten biometrischen Daten sowie den Werten der Krafttestung kann ein Makrozyklus über einen Zeitraum von 6 Monaten entwickelt werden. Da bei dem Trainierenden keine Einschränkungen aus Ärztlicher und Trainersicht bestehen, kann die Entwicklung der Trainingsplanung des Makrozyklus durchgeführt werden. Diese basiert auf den individuellen Bedürfnissen und Zielen des Trainierenden. Die erhobenen Werte sind für eine effektive Trainingsplanung essenziell.

2 Zielsetzung

Tab. 6: Zielsetzung des Trainierenden

Inhalt	Ausmaß	Zeit
1. Ziel Blutdrucksenkung	normal nach *AHA	3 Monate
2. Ziel Gewichtsreduktion	7*Kg	3 Monate
3. Ziel Kraftsteigerung	Steigerung um 17% im nächsten Krafttest	8 Wochen (Dauer des ersten Mesozyklus)

*Kg = Kilogramm *AHA = American Heart Assiciation

2.1 Ziel 1. Begründung der Blutdrucksenkung

Nach der Blutdruckklassifikation der American Heart Association, hat Herr W. einen hochnormalen Blutdruck. Dieser Wert sollt aus Trainersicht gesenkt werden, um spätere gesundheitliche Probleme auszuschließen. Eine realistische Zielsetzung über einen Zeitraum von drei Monaten zur Senkung des Blutdruckes, liegt im systolischen Bereich bei 11--16 mmHg und im diastolischen Bereich bei 6-12 mmHg.

2.2 Ziel 2. Begründung der Gewichtsreduktion

Herr W. ist unzufrieden mit seinem derzeitigen Körperbau. Diese Unzufriedenheit wirkt sich nicht nur auf die körperliche Belastbarkeit, sondern auch auf die Psyche aus. Eine Einschränkung des subjektiven Wohlbefindens ist erkennbar. Aus Trainersicht sollte eine Gewichtsreduktion von sieben Kilogramm vorgenommen werden, um das subjektive Wohlbefinden zu verbessern sowie den Schritt in den adipösen Bereich und dem damit verbundenen Gesundheitsrisiko zu minimieren. Anhand der zu Beginn erhobenen biometrischen Daten kann eine Gewichtsreduktion kontinuierlich über einen Zeitraum von 3 Monaten gemessen werden.

2.3 Ziel 3. Begründung der Kraftsteigerung

Eine Kraftsteigerung empfindet Herr W. als eine Besserung der körperlichen Belastbarkeit. Diese dient essenziell als Motivationssteigernde Zielsetzung. Anhand der ermittelten Werte des Soll-Ist-Wertvergleichs nach jedem Mehrwiederholungskrafttest wird die Kraftsteigerung gemessen und dokumentiert.

3 Trainingsplanung Makrozyklus

Tab. 7: Trainingsplanung Makrozyklus nach der ILB-Methode

Leistungsstufe „Beginner"	*MZ 1	MZ 2	MZ 3	MZ 4
Dauer	8 Wochen	8 Wochen	8 Wochen	8 Wochen
Trainingsmethodik	Kraftausdauer	Übergangstraining	Muskelaufbautraining (extensiv)	Muskelaufbautraining (intensiv)
Organisationsform	*GK/*Station	GK/Station	GK/Station	GK/Station
Trainingshäufigkeit pro Woche	2	2	2	2
Übungen pro Muskelgruppe	1 bis 2	1 bis 2	1 bis 2	1-2
Sätze pro Übung	2	2	2	2
Satzpausen identischer Übungen	30 Sekunden	25 Sekunden	20 Sekunden	20 Sekunden
Satzpausen bei Übungswechsel	60 Sekunden	60 Sekunden	60 Sekunden	60 Sekunden
Intensität	50% bis 70%	50% bis 70%	50% bis 70%	60% bis 80%
Wiederholungsanzahl	20	15	10	8
Bewegungstempo (*TUT)	2:0:2	2:0:2	2:0:2	2:0:2

*MZ = Mesozyklus *GK = Ganzkörpertraining *TUT = time under tension *Station = Stationstraining

3.1 Begründung der Makrozyklusplanung nach der ILB-Methode

Die dargestellte Makrozyklusplanung steht in Ausführung zur ILB-Methode. „Ein Kernelement der ILB-Methode ist die konsequente Periodisierung des Krafttrainings. Mit jedem neuen Mesozyklus werden die Belastungsintensität sowie die Übungsauswahl an den aktuellen Leistungsstand des Sportlers angepasst. Folglich wiederholen sich auch vor jedem neuen Mesozyklus der Vorgang des ILB-Tests und die Berechnung der Trainingsgewichte." (Eifler, 2003, S.75). Anhand der vorher erhoben Daten des Trainierenden, ist die Makrozyklusplanung im Hinblick auf das individuelle sportliche Leistungslevel, den gesundheitlichen Bedingungen sowie den persönlichen Zielen angepasst. Vor jedem der vier Mesozyklen wird ein neuer Mehrwiederholungskrafttest nach der ILB-Methode durchgeführt. Dieser ist essenziell zur optimalen Bestimmung des neuen Trainingsreizes. Anhand der dokumentierten Ergebnisse ist eine Entwicklungskurve nachvollziehbar zu verfolgen.

Da der Trainierende der Leistungsstufe „Beginner" einzuordnen ist, basieren die beiden Trainingsmethoden des ersten und zweiten Mesozyklus auf ein vielfältiges Krafttraining. Im ersten Mesozyklus fokussiert sich die Trainingsmethodik auf ein Kraftausdauertraining. Diese Trainingsmethodik ist Zielführend in der Verbesserung der Kapillarisierung, Vermehrung von Mitochondrien, dem Anstieg der Laktattoleranz sowie der kontinuierlichen Erhöhung der Ermüdungsresistenz der Muskeln und der Enzymkapazität, die für den aeroben Stoffwechsel essenziell ist. Das vielfältige Krafttraining im zweiten Mesozyklus wird durch das Überganstraining kompensiert. Basierend auf der Zielsetzung, Anpassungseffekte des Körpers und neue Trainingsreize zu schaffen, ist das Übergangstraining essenziell zur Steigerung der Trainingsentwicklung der Kraftausdauer sowie das Heranführen neuer Trainingsintensitäten im Laufe eines gesteigerten Krafttrainings notwendig. Im dritten und vierten Mesozyklus fokussiert sich die Trainingsmethodik auf ein extensiv sowie intensiv gesteigertes Muskelaufbautraining. Die Ziele eines extensiven sowie intensiven Muskelaufbautrainings sind klar in Muskelwachstum, Muskelkraftsteigerung sowie durch eine Kräftigung der Bindegewebsstruktur, Gelenkstabilität und eine Steigerung der Knochendichte zu definieren. Eine deutliche Kraftsteigerung ist nicht nur von der beteiligten Muskelmasse abhängig, sondern auch von der Fähigkeit des Nervensystems die beanspruchte Muskulatur gezielt zu stimulieren (Sale, 1994, S.249). Die Verbesserung der Rekrutierung und Frequentierung der Muskelfasern auf neuromuskulärer Ebene ist daher ein weiteres definiertes Ziel im dritten und vierten Mesozyklus.

Im Krafttraining des Trainierenden sind die Belastastungsparameter der Leistungsstufe „Beginner" des ILB-Grobraster eingeordnet. Diese beziehen sich auf den ersten bis dritten Mesozyklus mit einer Belastungsintensität von 50% bis 70 %. Die Belastungsintensität ändert sich im vierten Mesozyklus von 60% bis 80% und der Trainierende ist fortan der Leistungsstufe „Geübter" einzuordnen. Durch das maximal festgelegte Zeitbudget werden keine Erhöhungen der wöchentlichen Einheiten durchgeführt. Durch die kontinuierliche Steigerung der Belastungsintensität sind auch die Prinzipien des trainingswirksamen Reizes, der progressiven Belastungssteuerung sowie die Periodisierung und Zyklisierung in einem Mesozyklus garantiert. Die Steigerung der Belastungsintensität bezieht sich hierbei auf die jeweilige Leistungsstufe des Grobrasters zur Trainingsplanung nach der ILB-Methode.

Tab. 8: Grobraster zur Trainingsplanung nach der ILB-Methode (modifiziert nach Stack & Eifler, 2005, S.153)

Leistungsstufe	Zeitstufe (Monat)	Organisations- form	Häufigkeit/ Woche	Übungen/ Mus- kelgruppen	Sätze/Übungen	Intensität (%X-RM*)
Orientierungsstufe	0-1,5	*GK	2	1 bis 2	1 bis 2	gering
Beginner	1,5-6	GK	2	1 bis 2	1 bis 2	50 bis 70
Geübter	6-12	GK	2 bis 3	1 bis 2	2	60 bis 80
Fortgeschrittene	>12	GK/*Split	3 bis 4	1 bis 3	2 bis 3	70 bis 90
Leistungstrainie- rende	>36	GK/Split	4 bis 6	1 bis 4	2 bis 4	80 bis 100

*GK = Ganzkörpertraining *Split = Split Training *Wiederholung variiert je nach Trainingsziel

Anhand der vorher erhobenen allgemeinen Daten des zeitlichen Verfügungsrahmen und der Zielsetzung absolviert der Trainierende ein Ganzkörpertraining aufbauend auf einem Stationstraining. Hierbei werden im Verlauf einer Trainingseinheit alle Hauptmuskelgruppen beansprucht. Fokussierend ist das Muskelaufbautraining mit einer linearen Periodisierung. Eine Steigerung der Muskelkraft ist daher nur möglich, wenn die Belastungsintensität progressiv ansteigt und die Wiederholungsanzahl abnimmt. Die neuronale und körperliche Anpassung im Verlauf des ersten und zweiten Mesozyklus, fungieren hierbei als Vorbereitung für das extensive und intensive Muskelaufbautraining im dritten und vierten Mesozyklus. Im Gesamtverlauf des Makrozyklus, wird durch das gezielte Ganzkörpertraining eine Gewichtsreduktion kontinuierlich gefördert.

4   Trainingsplanung Mesozyklus

Tab. 9. Trainingsplanung Mesozyklus nach der ILB-Methode

Kraftausdauertraining nach der ILB-Methode					
Zyklusdauer	8 Wochen		*TUT	2:0:2	
Organisationsform	Ganzkörper/Stationstraining		Trainingsumfang	45 Minuten exklusiv Aufwärmen und Cool Down	
Häufigkeit	2 Trainingseinheiten pro Woche		Übungen pro Muskelgruppe	1 bis 2	
Trainingsziele	1. eine Kraftsteigerung um 17% 2. Ehrhöhung der Kraftausdauer 3. Steigerung der Ermüdungsresistenz der Muskeln				
Übungen	*WdH.	Sätze	Satzpausen	Übungswechsel	Intensität
Beinpresse	20	2	30 Sekunden	60 Sekunden	50% bis 70%
Brustpresse	20	2	30 Sekunden	60 Sekunden	50% bis 70%
Latzugmaschine	20	2	30 Sekunden	60 Sekunden	50% bis 70%
Rudern an der Maschine	20	2	30 Sekunden	60 Sekunden	50% bis 70%
Rumpfextensionsmaschine	20	2	30 Sekunden	60 Sekunden	50% bis 70%
Bauchpresse	20	2	30 Sekunden	60 Sekunden	50% bis 70%
Armstrecker an der Maschine	20	2	30 Sekunden	60 Sekunden	50% bis 70%
Armbeuger an der Maschine	20	2	30 Sekunden	60 Sekunden	50% bis 70%

*TUT = time under tension *WdH. = Wiederholungsanzahl

4.1 Begründung der Übungsauswahl des Mesozyklus nach der ILB-Methode

Der Trainierende ist anhand der Einordnung des ILB-Grobraster der Leistungsstufe „Beginner" zuzuordnen und absolviert im ersten Mesozyklus ein Kraftausdauertraining nach der ILB-Methode. Begründend ist die gewählte Trainingsform mit den zu erreichenden Zielen, in der Kraftsteigerung, der Erhöhung der Kraftausdauer sowie der Steigerung der Ermüdungsresistenz der Muskeln bei alltäglichen Belastungen. Dargestellt in der Mesozyklusplanung, wird ein gerätegestütztes Krafttraining absolviert. Das Prinzip der Individualität und Altersgemäßheit, das Prinzip des trainingswirksamen Reizes sowie das Prinzip der progressiven Belastungssteuerung wurden bei der Wahl der Organisationsform und Trainingsform sowie Übungsauswahl berücksichtigt. Die Vorteile eines Krafttrainings an Maschinen sind, die Vereinfachung der Bewegungsabläufe durch geführte Bewegungen, schnelleres Erlernen des Bewegungsablaufes, die reduzierte Verletzungsgefahr durch vorgegebene Bewegungsbahnen, Ausführungsfehler werden durch geringe koordinative Anforderungen minimiert, höhere Erfolgserlebnisse bei Beginnern. Der angestrebte Trainingsreiz ist durch die direkte Isolation der Muskulatur an Kraftmaschinen schneller gewährleistet. Eine progressive Belastungssteigerung ist durch das einfache dosieren des Arbeitsgewichtes über die Gewichtsblöcke an den Kraftmaschinen gewährleistet. Im Nachgang dient die tabellarische Darstellung der Begrünung zur Übungsauswahl, mit beanspruchten Muskelgruppen und dem individuellen Nutzen für den Trainierenden.

Tab. 10: Begründung zur Übungsauswahl der Trainingsplanung im Mesozyklus nach der ILB-Methode

Übung	beanspruchte Muskelgruppen	individueller Nutzen
Beinpresse	M. quadrizeps femoris M. biceps femoris M. gluteus maximus	Erhöhung der Beschleunigung im Antritt, der Sprungfähigkeit sowie einer Verbesserung der Stabilität beim Ausboxen und Rebounden (Basketballspezifisch)
Begründung	Die Übung trainiert die größte funktionelle Muskelkette	
Brustpresse	M. pectoralis major M. pectoralis minor M. deltoideus pars clavicularis M. triceps brachii	Verbesserung der Kraft beim Passen (Basketballspezifisch) und Stärkung des Oberkörpers (ventrale Muskelkette)
Begründung	Diese Übung dient zur Kräftigung der Oberkörpermuskulatur	
Latzugmaschine	M. latissimus dorsi M. biceps brachii M. brachialis M. deltoideus pars spinalis M. trapezius pars ascendens	Eine tiefe starke Rückenmuskulatur ist eine enorme Hilfe bei schnellen Richtungswechseln und sorgt für Stabilität beim Rebounden (Basketballspezifisch).
Begründung	Die Übung trainiert die obere bis mittlere Rückenmuskulatur. Desweitern wird die Stabilität der dorsalen Muskelkette gefördet.	

Rudern an der Maschine	M. latissimus dorsi M. trapezius pars tranversa M. biceps brachii Mm. Romboidei M. teres major M. deltoideus pars spinalis	Ein starker oberer Rücken ist wichtig für die Stabilität bei Abschlüssen mit Kontakt (Basketballspezifisch).
Begründung	Diese Übung dient zur Haltung und Stabilisierung des Schultergürtels, sowie der Schmerzprävention im Bereich der Schultergürtelmuskulatur.	
Rumpfextensionsmaschine	Mm. erector spinae (autochtone Rückenmuskulatur, kurzer Rückenmuskel, medialer Trakt) Mm. erector spinae (autochtone Rückenmuskulatur, mittellanger Rückenmuskel, medialer Trakt) Mm. erector spinae (primär lateraler Trakt)	Einer der wichtigsten Bestandteile einer guten Verteidigungsposition ist die Rumpfmuskulatur (Basketballspezifisch). Desweitern ist eine gut ausgebaute Rumpfmuskulatur wichtig für alltägliche streckenden, beugenden und rotierende Aufgaben.
Begründung	Diese Übung ist ein wesentlicher Bestandteil jedes Krafttrainings und dient der Stabilisierung und Kräftigung der Rumpfmuskulatur im medialen und lateralen Trakt, sowie Schmerzprävention von Rückenproblemen.	
Bauchpresse	M. rectus abdominis M. obliquus externus abdominis M. obliquus internus abdominis M. pyramidialis	Die ventral beanspruchte Muskulatur dient der Stabilisierung der Wirbelsäule bei alltäglich hebenden Aufgaben. Desweitern dient sie als Schmerzprävention bei Rückenproblemen.
Begründung	Diese Übung dient zur Kräftigung der ventralen und dorsalen Rumpfmuskulatur	
Armstrecker an der Maschine	M. triceps brachii	Die Muskulatur von Armstrecker und Armbeuger dient zur Stärkung der Kraft und Definition der Oberarme
Armbeuger an der Maschine	M. biceps brachii M. brachialis M. brachioradialis	
Begründung	Der Trainierende empfindet einen muskulösen Oberarm anhand der definiert ausgeprägten Muskelmasse, als Verbesserung seines subjektiven Wohlbefindens	

Die abgebildete tabellarische Darstellung ist begründend auf einer chronologischen Reihenfolge der Übungsauswahl in der Trainingsplanung des Mesozyklus. Die chronologische Reihenfolge basiert auf einer komplexen Übungsauswahl, von mehrgelenkigen zu eingelenkigen Übungen. Die mehrgelenkigen muskelbeanspruchten Übungen beziehen sich auf einen alltagsnahen Bewegungsablauf. Mit dem Aspekt einer Verbesserung der trainierenden Muskelketten sowie der intramuskulären Koordination. In der Trainingsplanung wurden alle Muskelgruppen für die speziellen basketballspezifischen Bewegungsabläufe berücksichtigt. Herr W. absolviert die dargestellten Übungen im Verlauf eines Trainings. Diese Übungen dienen zur allgemeinen Kräftigung sowie der Stabilität des Körpers und erleichtern Herrn W. seine alltäglichen Bewegungsabläufe zu verbessern.

5 Effekte des Krafttrainings bei Rückenbeschwerden

Tab. 11: Studienvergleich der Effekte des Krafttrainings bei Rückenschmerzen

Beitrag der deutschen Zeitschrift für Sportmedizin: Effekte maschinengestützten Krafttrainings in der Behandlung chronischen Rückenschmerzes.	Beitrag der deutschen Zeitschrift für Sportmedizin: Krafttraining bei chronischen lumbalen Rückenschmerzen. Ergebnisse einer Längsschnittstudie.
Studie durchgeführt von:	
Frau Stephan und Herr Goebel aus der Abteilung Forschung und Entwicklung der Kieser Training AG. Herr Prof. Dr. Schmidtbleicher vom Institut für Sportwissenschaften der Johann Wolfgang-Goethe-Universität Frankfurt/Main.	Dr. Goebel und Frau Stephan aus der Forschungsabteilung Kieser Training (FAKT), Köln. Prof. Dr. Freiwald von der Bergische Universität Wuppertal.
Publikation der Studie:	
Die Studie ist eine Print-Publikation aus dem Jahr 2011 der deutschen Zeitschrift für Sportmedizin.	Die Studie ist eine Print-Publikation aus dem Jahr 2005 der deutschen Zeitschrift für Sportmedizin.
Forschungsfrage:	
Welche Effekte hat ein maschinengestütztes Krafttraining in der Behandlung bei chronischen Rückenbeschwerden?	Wie sind die Ergebnisse des Krafttraining bei chronischen lumbalen Rückenschmerzen?
Probanden der Studie:	
Probanden mit Rückenschmerzen im frühen Chronifizierungsstadium (seit mehr als 12 Wochen) mit einem geringen Schmerzempfinden. Kontrollgruppe: 16 Probanden / Trainingsgruppe: 58 Probanden	Probanden mit chronischen Rückenschmerzen (seit mehr als 6 Monaten) oder akuten Lumbalgien/Lumboischialgien (2 pro Jahr). Kontrollgruppe: 33 Probanden / MKT-Gruppe: 69 Probanden
Versuchsaufbau der Studie:	
analytische, prospektive, randomisierte Studie	analytische, prospektive Längsschnittstudie
Über einen Zeitraum von 6 Monaten führt die Trainingsgruppe 6-mal monatlich, ein 30-minütiges maschinengestütztes Krafttraining durch. Eine Schmerz- und Beeinträchtigungsmessung wurde bei beiden Gruppen nach 3 und 6 Monaten durchgeführt (Pain Severity, Effects of Pain, Schmerzstärke). Die Effekte des Krafttrainings werden anhand der Effektgrößen d und dkorr als korrigierende Effektgröße abgeleitet (Ostwestry Disability Index).	Die MKT-Gruppe absolvierte das Krafttraining (MKT) mit durchschnittlich 12 Behandlungseinheiten. Die Evaluation der MKT-Gruppe erfolgte vor Beginn und nach Beendigung der Therapie sowie 12 Monate (follow up) danach. In beiden Gruppen wurden Datenerhebungen durch Fragebögen zur Subjektive Gesundheit und der Funktionskapazität des Rückens durchgeführt.
Ergebnisse der Studie:	
Eine Schmerzreduktion der mittleren Schmerzstärke wurde bei 26% der Kontrollgruppe und bei 38% der Trainingsgruppe festgestellt. Über den Zeitraum von 6 Monaten wurde ein Nettoeffekt des Krafttrainings (dkorr = -0,34) festgestellt. Bei der PS-Messung wurde kein Nettoeffekt sichtbar. Deutlich ist eine überwiegende Beeinträchtigungsreaktion der Trainingsgruppe mit einem Nettoeffekt von dkorr = -0,46 (ODI) und 0,13 (EP).	In der MKT-Gruppe wurde eine signifikante, positive Verbesserung von dkorr = 0,68 bis 0,87 der Subjektiven Gesundheit (SF-36) festgestellt. Wobei in der Kontrollgruppe keine signifikanten Ergebnisse festgestellt wurden. In der Kontrollgruppe wurde der Funktionskapazität des Rückens (FFbH-R), keine signifikante Verbesserung festgestellt. Lediglich in der MKT-Gruppe war die Verbesserung mit dkorr = 0,54, sowie der Einschätzung der Rückenschmerzen (p=0,000, Wilcoxon-Test) signifikant.
Schlussfolgerung der Studie:	
Das Krafttraining was anhand der statischen sowie klinischen Interpretationsrichtlinien gemessen wurde. Hat zu einer deutlichen Schmerz- und Beeinträchtigungsreaktion geführt. Zudem wurden teils nur nicht signifikante mittlere Effekte in der Kontrollgruppe sichtbar. „Ein selbstständiges Ganzkörperkrafttraining mit einer Trainingsfrequenz von 6-mal im Monat eignet sich für Personen mit chronischem Rückenschmerz im Anfangsstadium, um das Schmerzniveau zu senken, das Beeinträchtigungserleben zu reduzieren, körperliche Inaktivität zu überwinden und Kraft aufzubauen." (Stephan et al., 2011, S.73).	„In der vorliegenden Studie zeigte die MKT-Gruppe gegenüber der konventionell behandelten Kontrollgruppe bei fast allen Parametern bessere Ergebnisse. Durch die Behandlungen kam es in beiden Patientengruppen zu verringerten Rückenschmerzen, wobei die Reduktion der Schmerzintensität in der MKT-Gruppe ausgeprägter war und über einen längeren Zeitraum persistierte. In der Kontrollgruppe führten die geringeren Schmerzen jedoch nicht – wie in der MKT-Gruppe – zu einer Verbesserung der Funktionskapazität des Rückens (FFbH-R) bzw. der subjektiv eingeschätzten Gesundheit (SF-36)." (Goebel et al., 2005, S. 391-392)

6 Literaturverzeichnis

Brain, C. &. Rob, P. (2016). *Basketball Anatomie.* Grünwald: Copress Verlag in der Stiebner Verlag GmbH.

Eifler, C. (2013). *Empirische Überprüfung der Effekte verschiedener Ansätze zur Intensitätssteuerung im fitnessorientierten Krafttraining.* Dissertation, Universität des Saarlands. Saarbrücken.

Goebel, S. Stephan, A. & Freiwald, J. (2005). *Krafttraining bei chronischen lumbalen Rückenschmerzen. Ergebnisse einer Langzeitstudie.* Deutsche Zeitschrift für Sportmedizin, 56 (11), S. 391-392.

Kieser, W. (2003). *Ein starker Körper kennt keinen Schmerz: Gesundheitsorientiertes Krafttraining nach der Kieser-Methode.* München: Heyne.

Markus, L. (2011). *Muskelaufbau für Sportler.* München: BLV Buchverlag.

Sale, D. G. (1994). *Neutrale Adaption im Verlauf eines Krafttrainings. In: Komi (Hrsg.) Kraft und Schnellkraft im Sport: eine Veröffentlichung der Komission des IOC in Zusammenarbeit mit der FIMS (S. 249-263).* Köln: Deutscher Ärzte-Verlag.

Schnabel, G. (2008). *Trainingslehre-Trainingswissenschaft: Leistung-Training-Wettkampf.* Aachen: Meyer & Meyer.

Stephan, A. Goebel. S. & Schmidtbleicher (2011). *Effekte maschinengestütztes Krafttraining in der Behandlung chronischer Rückenschmerzen.* Deutsche Zeitschrift für Sportmedizin, 62 (3), S. 69-74.

Wolfgang, M. (2013). *Das Muskel Tagebuch.* München: BLV Buchverlag

7 Tabellenverzeichnis